¿Quién fue
Harriet Tubman?

Yona Zeldis McDonough
Ilustraciones de Nancy Harrison

Altea

Santillana USA

Para mi madre, Malcah Zeldis
Y.Z.M.
Para Christopher, gran amigo de Nan
N.H.

Título original: *Who Was Harriet Tubman?*
© Del texto: 2002, Yona Zeldis McDonough
© De las ilustraciones: 2002, Nancy Harrison
Todos los derechos reservados.
Publicado en español con la autorización de Grosset & Dunlap, una división
de Penguin Young Readers Group

© De esta edición:
2009, Santillana USA Publishing Company, Inc.
2023 NW 84th Avenue
Miami, FL 33122, USA
www.santillanausa.com

Altea es un sello editorial del **Grupo Santillana**. Éstas son sus sedes:

ARGENTINA, BOLIVIA, CHILE, COLOMBIA, COSTA RICA, ECUADOR, EL SALVADOR,
ESPAÑA, ESTADOS UNIDOS, GUATEMALA, MÉXICO, PANAMÁ, PARAGUAY, PERÚ,
PUERTO RICO, REPÚBLICA DOMINICANA, URUGUAY Y VENEZUELA.

¿Quién fue Harriet Tubman?
ISBN: 978-1-60396-423-4

Published in the United States of America
Printed in Colombia by D'vinni S.A.

15 14 13 12 11 10 09   1 2 3 4 5 6 7 8 9 10

Índice

Índice

¿Quién fue
Harriet Tubman?

No se sabe con exactitud en qué año nació Harriet Tubman. Se cree que pudo haber sido en 1820 ó 1821. En aquella época, el nacimiento de un bebé esclavo no era algo tan importante como para recordarlo. A pesar de haber nacido esclava, Harriet Tubman se convirtió en una jovencita valiente y audaz. Tan valiente, que huyó de la esclavitud. Tan audaz, que

ayudó a otros a escapar también. Condujo a tantos a la libertad que la llamaban "Moisés". Al igual que este personaje bíblico, Harriet Tubman creía que su gente debía ser libre, y arriesgó su vida muchas veces para ayudarlos a escapar. Incluso estando ya a salvo en el Norte, regresó varias veces al Sur para llevar a otros esclavos hacia la libertad. Ésta es su historia.

Capítulo 1
La vida en Maryland

Alrededor del año 1820, en Maryland, una esclava llamada Harriet Ross dio a luz a una niña. Ni Harriet, a quien llamaban la Vieja Rit, ni su esposo, Ben, sabían leer ni escribir, así que no dejaron ningún registro de la fecha de nacimiento de su hija. Nadie pensaba que fuera algo tan importante como para recordarlo. Sin embargo, la Vieja Rit amaba a su pequeña hija y siempre quiso protegerla. Deseaba que la niña, a la que apodaban Minty, aprendiera a coser, a cocinar o a tejer. De esta manera, podría trabajar en las casas, y no tendría que soportar el duro trabajo del campo, cosechando tabaco, maíz o trigo.

La Vieja Rit y Ben habían nacido esclavos. Tenían muchos hijos, y todos también eran esclavos. Las personas negras habían sido esclavas durante mucho tiempo en Estados Unidos. La esclavitud había sido parte del modo de vida estadounidense desde 1619, cuando los primeros africanos fueron traídos

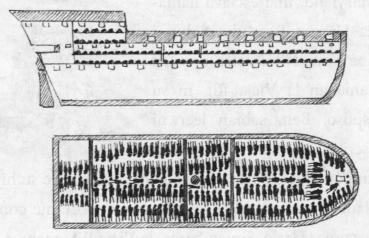

Dos vistas de un barco de esclavos

a la fuerza en barcos de esclavos hasta Virginia. A comienzos del siglo XIX, la mayoría de los estados del Norte habían abandonado la esclavitud. Sin embargo, no era así en el Sur.

Esclavos como Ben y la Vieja Rit trabajaban muy duro, pero no recibían pago alguno por su trabajo. Ben y la Vieja Rit vivían en las tierras de su amo, el señor Brodas. Estas tierras y los edificios que había en ellas recibían el nombre de "plantación".

Casa de una plantación

La casa de la plantación del señor Brodas era grande y espléndida, como tantas de las casas del Sur. Ben y la Vieja Rit podían ver esta gran casa todos los días, pero no vivían en ella. Vivían en una cabaña de madera, como los otros esclavos de la plantación.

Las cabañas de los esclavos eran muy pequeñas y no tenían ventanas. Los pisos estaban hechos de tierra. Las camas no eran más que montones de sábanas viejas. Sin embargo, para la pequeña Minty, ésta era su casa, y a ella le encantaba.

Cuando Minty aprendió a caminar, comenzó a pasar el día con sus hermanos y hermanas y otros niños esclavos que estaban bajo el cuidado de una vieja esclava. Los más pequeños corrían y jugaban desnudos. Los mayorcitos vestían prendas de un lino áspero. Ninguno usaba zapatos. Aun así, se divertían. Durante los cálidos días del verano, nadaban y pescaban en los riachuelos de los alrededores.

A pesar de ser una esclava, Minty era feliz. Amaba a sus padres. Su padre le contaba historias sobre los bosques. Se sabía los nombres de todos los pájaros. Sabía qué bayas eran dulces y sabrosas.

COMPRA Y VENTA

Los esclavos que se traían de África eran vendidos en una subasta a quienes ofrecieran la suma de dinero más alta. Para las subastas, se agrupaban hombres, mujeres y niños negros. Las subastas se anunciaban con carteles en las calles y avisos en los periódicos. Las personas blancas venían con anticipación a ver a los esclavos. Los hacían abrir la boca para revisarles los dientes. Les pellizcaban los brazos y las piernas para evaluar sus músculos.

Lo peor de todo era que en una subasta se podía separar a los miembros de una familia. Una madre podía ser vendida al dueño de una plantación en

Mississippi, mientras que su hijo o hija podía ser comprado por el dueño de una plantación en Luisiana. Madre e hijo no volverían a verse nunca más. Esposos y esposas, padres e hijos, hermanos y hermanas eran separados de manera cruel.

En 1859, Pierce M. Butler, dueño de varias plantaciones, vendió 436 esclavos para pagar una deuda. Ésta es considerada la subasta de esclavos más grande en la historia de Estados Unidos. Se le llamó "La época del llanto". Todos los esclavos, que habían nacido en las plantaciones de Butler, fueron llevados a un hipódromo de Savannah, Georgia. Mientras esperaban que comenzara la subasta, los encerraron en los establos de los caballos. Al cabo de dos días, todos habían sido vendidos para trabajar en una tierra distinta a aquella en la que habían vivido toda la vida. Jamás volverían a ver a su familia ni a sus amigos.

De su madre, Minty aprendió historias de la Biblia. Así conoció la historia de Moisés, que había vivido miles de años antes. Moisés llevó a su pueblo, los hebreos, desde Egipto, donde vivían como esclavos, hacia otras tierras donde encontraron la libertad.

Alrededor de 1826, cuando Minty cumplió 6 años, su vida cambió. El señor Brodas tenía un trabajo para ella en otro lugar. Esto significaba que tendría que ir a vivir lejos de su familia y su hogar. Tenía que ir a vivir y a trabajar para unas personas blancas que no podían darse el lujo de comprar sus propios esclavos. Aunque ella no quería irse, el día señalado

llegó una carreta a buscarla. Minty se acordaba de sus dos hermanas mayores, que también se habían tenido que ir. No podía olvidar cómo lloraban y lloraban. De todas maneras, se las llevaron. Lo mismo ocurrió con Minty.

Minty trabajó para una mujer llamada la señora Cook, que tenía un negocio de tejidos. La señora Cook pasaba el día frente a un enorme y ruidoso telar. Minty la ayudaba a enrollar el hilo. Montones

de motas y pelusa flotaban en el aire y hacían toser a Minty. La pequeña dejaba caer la lana. No se podía concentrar. La señora Cook se enojaba y la castigaba, azotándola. Los esclavos eran azotados con frecuencia. Era de esta manera como los amos los obligaban a obedecer.

La señora Cook le dijo a su esposo que Minty era estúpida y lenta. Entonces, el señor Cook la puso a trabajar para él. Tenía que estar pendiente de una serie de trampas para ratas que el señor Cook había puesto cerca del río. Hacía mucho frío cerca del río, pero era un sitio muy tranquilo. El aire era limpio y fresco.

Trampa para ratas

Un día, Minty amaneció enferma. La señora Cook pensó que lo estaba fingiendo, para que no la hicieran trabajar. Como todos los días, el señor Cook mandó a Minty a revisar las trampas. Ella fue hasta

el río temblando de la fiebre. Cuando regresó, la señora Cook se dio cuenta de que estaba realmente enferma, y la mandó de vuelta con sus padres hasta que se mejorara. La Vieja Rit cuidó a Minty durante seis semanas. Entonces, la volvieron a mandar a trabajar con la señora Cook y su telar. Minty no pudo aprender a hacer su trabajo, y entonces la regresaron a su casa otra vez.

Después, el señor Brodas contrató los servicios de Minty a una mujer llamada la señorita Susan. Minty, que tan sólo tenía siete años, tenía que cuidar al bebé de la señorita Susan. Minty era azotada cada vez que el bebé lloraba. Minty pasaba la noche junto a la cuna, meciéndola suavemente. Pero Minty estaba cansada, y se quedaba dormida. Entonces, el bebé comenzaba de nuevo a llorar. La señorita Susan se despertaba enojada, y volvía a azotar a Minty. Minty aprendió a estar alerta para atender al bebé, pero era muy difícil, porque siempre estaba cansada.

Un día, a escondidas de la señorita Susan, Minty quiso agarrar un terrón de azúcar que había en un

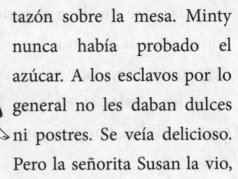

tazón sobre la mesa. Minty nunca había probado el azúcar. A los esclavos por lo general no les daban dulces ni postres. Se veía delicioso. Pero la señorita Susan la vio, y corrió a buscar el azote. Minty era muy rápida y salió corriendo de la casa, y no paró de correr hasta estar segura de que la señorita Susan ya no la estaba siguiendo. Después se preguntó qué hacer... Si regresaba a la casa, la azotarían.

Minty llegó a una porqueriza y se escondió en la casa de los cerdos. Era pequeña, pero audaz. Peleó con los cerditos por cáscaras de papa y otras sobras de comida que les daban, pero la mamá cerda lograba alejarla.

Al cabo de cinco días, Minty estaba sucia y hambrienta. Sabía que no tenía más remedio que volver donde su ama. Años más tarde, Minty comentó al respecto: "Sabía lo que me esperaba, pero no tenía adonde más ir".

LA REBELIÓN DE NAT TURNER

Nat Turner fue un esclavo del condado de Southampton, Virginia, nacido alrededor de 1800. Cuando Nat era niño, su madre le decía que un día él conduciría a su gente a la libertad, tal como cuenta la Biblia que hizo Moisés. Su madre le enseñó versos y pasajes completos de la Biblia que ella había memorizado.

Cuando Turner creció, se convirtió en predicador. Los esclavos lo llamaban "El profeta", que significa "maestro". Era un hombre callado y malhumorado que pasaba mucho tiempo a solas. Turner creía lo que su madre le había dicho: que era el elegido para llevar a sus compañeros esclavos a la libertad.

En 1828, Turner dijo que habría una señal que le indicaría que había llegado el momento de rebelarse. El 20 de agosto de 1831 hubo un eclipse de sol. Turner creyó que ésa era la señal. Dirigió una banda de esclavos de plantación en plantación, matando a todos los blancos que encontraban. Dondequiera que paraban, más esclavos se les unían. Muy pronto se convirtieron en un grupo de setenta esclavos que habían matado en total a sesenta personas blancas. Tropas federales tuvieron que intervenir para detener la rebelión. Cien negros murieron durante el enfrentamiento, pero Turner salió con vida y permaneció escondido en una cueva durante dos meses. Después lo capturaron. Nat Turner fue ejecutado el 11 de noviembre de 1831.

La señorita Susan ya no quiso recibir a Minty, y se la devolvió al señor Brodas. Esta vez la pusieron a trabajar en el campo, que era un trabajo muy duro: cortaba troncos, montaba la leña en carretas, araba y conducía los bueyes. Minty se había convertido en una muchacha fuerte y robusta. Podía realizar estas labores, y observaba el cielo y sentía el viento en su rostro mientras trabajaba. Y oía las conversaciones de los demás esclavos. Fue entonces cuando comenzó a escuchar ideas nuevas. Los esclavos decían que

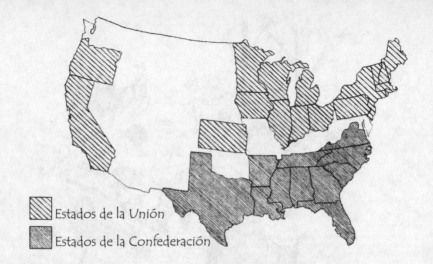

| | Estados de la Unión |
| | Estados de la Confederación |

querían ser libres. Algunos de ellos escaparon de la plantación.

Se fueron al Norte, en busca de la libertad. Otros, como Nat Turner, iniciaron rebeliones para acabar con la esclavitud. A Nat Turner lo capturaron y lo

mataron, pero sus ideas no murieron. Cada vez más y más, los esclavos querían ser libres. Una tarde, en 1834, los esclavos del señor Brodas se juntaron con esclavos de otra plantación para desgranar maíz. Cantaban mientras les quitaban las verdes hojas a las doradas mazorcas. Un esclavo se alejó del grupo. Minty lo vio. El hombre comenzó a caminar por entre las filas del gran maizal. Al comienzo, el capataz que los estaba vigilando no lo vio. El esclavo ya había recorrido la mitad del maizal cuando el capataz al fin lo vio. Le gritó que se detuviera, pero el hombre siguió su camino.

El capataz lo siguió, llevando en la mano su gran azote. Minty fue tras él también. El capataz comenzó a correr para alcanzar al esclavo que se estaba escapando. El esclavo se metió en una tienda y allí el

capataz lo acorraló. El capataz le pidió a Minty que lo ayudara a amarrarlo, pero Minty no se movió; sólo se quedó mirándolos. De repente, el esclavo le dio un empujón al capataz y salió de la tienda corriendo.

Minty se paró en la puerta para bloquearle la salida al capataz. Éste tomó un bloque de hierro de dos libras y se lo arrojó al fugitivo, con tan mala puntería que golpeó a Minty en la frente. Minty cayó al suelo, sangrando e inconsciente. Se la llevaron a la Vieja Rit,

quien la cuidó con mucho
cariño. Nadie creía que fuera a sobrevivir. Sin embargo, la Vieja Rit cuidó a su
hija día y noche. Finalmente, la herida de Minty sanó,
aunque le quedó una cica-
triz en la frente.

Minty no era ahora sólo diferente por su cicatriz. La gente comenzó a tratarla con respeto. Tenía
tan sólo 13 ó 14 años de edad, pero se había atrevido
a desafiar a un capataz. Dejaron de llamarla por su
apodo de infancia, Minty, y comenzaron a llamarla
Harriet, que era el nombre de su madre. Estaba claro
que ya no era una chiquilla.

Capítulo 2
En busca de la Estrella del Norte

Harriet no volvió a ser la misma después de recuperarse. Sufría de dolores de cabeza y trastornos del sueño muy extraños. A veces se quedaba dormida en segundos, mientras estaba hablando. Esto la asustaba mucho. Le llegó un rumor de que el señor Brodas, su amo, pensaba venderla, junto con algunos de sus hermanos. ¿Qué pasaría con ella? Era probable que la enviaran al lejano sur, a Nueva Orleáns, en Luisiana;

o a Natchez, en Mississippi, como acostumbraban transportar a los esclavos: caminando en fila, encadenados de los tobillos para evitar que escaparan.

El viaje al sur sería largo y difícil. Si Harriet se dormía en el camino, con seguridad el capataz la azotaría. Podía ser capaz de azotarla fuertemente y dejarla allí para que se muriera. Sus hermanos no iban a poder salvarla.

Aunque llegara a sobrevivir el viaje, Harriet sabía que el hecho de que la vendieran a alguna plantación más al sur sería algo muy malo. Era allí donde estaba la mayoría de las plantaciones de algodón.

ALGODÓN Y TABACO

En las plantaciones del Sur se cultivaban diferentes productos que se vendían muy bien. Dos de los más populares eran el algodón y el tabaco.

El algodón se usaba para hacer telas y ropa. Los dueños de las plantaciones necesitaban reunir muchos trabajadores para sembrar y luego recoger el algodón. Primero los esclavos tenían que recolectar las pequeñas bolas de algodón de cada planta. Luego tenían que limpiarlas y dejarlas listas para el hilado. Era un trabajo agotador que requería mucho esfuerzo. Los esclavos también trabajaban en las plantaciones de tabaco, tanto en la siembra como en la cosecha.

Los dueños de las grandes plantaciones sabían que sin el trabajo de los esclavos les sería imposible tener los cultivos que les traían tanto dinero. Como necesitaban trabajadores, no les parecía que la esclavitud fuera algo malo. Pero su riqueza se construía con el sudor y la sangre de los esclavos que trabajaban para ellos.

Planta de algodón

Planta de tabaco

El trabajo en las plantaciones de algodón era muy duro. Además, irse más para el sur significaría estar más lejos de los estados del Norte. Más lejos de la libertad. Harriet no quería ser esclava toda su vida. Anhelaba la libertad desesperadamente.

Harriet comenzó a orar para que el señor Brodas muriera. Para su propia sorpresa, al poco tiempo su amo enfermó y murió. Harriet se dio cuenta de que se sentía muy mal por ello. Creía que había hecho algo malo al orar por su muerte.

Sin embargo, su nuevo dueño era un hombre más justo. Era el doctor Anthony Thompson. El Dr. Thompson envió a Harriet y a su padre a trabajar para un constructor llamado John Stewart.

Al comienzo, Harriet tenía que barrer, sacudir el polvo, lavar la ropa y hacer las camas en la casa del señor Stewart. Pero este trabajo no le gustaba, y le pidió al señor Stewart que la dejara ir a trabajar con los hombres en la construcción. Él aceptó. Harriet trabajó como un hombre, cortando árboles y partiendo  troncos. Era muy buena en su trabajo. A veces el señor Stewart la dejaba hacer otros trabajos por los cuales le pagaban algo de dinero. Harriet tenía que darle al señor Stewart una parte de su salario, pero algo le quedaba. Harriet buscaba más trabajos al aire libre, como cargar troncos, conducir carretas con bueyes y arar la tierra.

Harriet trabajó durante cinco años para el constructor. Se hizo aún más fuerte y más capaz. Ya era una mujer adulta, de más de 21 años, pero su padre continuó enseñándole muchas cosas. Por ejemplo, a moverse por el bosque sin hacer ruido. También le enseñó a localizar la Estrella del Norte, cerca de la Osa Mayor. La Estrella del Norte era la luz que guiaba a los esclavos: les mostraba el camino hacia el norte, el camino a la libertad.

Ben le explicó a su hija que, manteniendo, esta estrella a la vista, una persona siempre podría saber cómo ir en la dirección correcta. Pero, ¿qué pasaría durante las noches nubladas, cuando las estrellas no se ven? Ben le dijo a su hija que en esas situaciones se podía guiar por el musgo que había en los árboles, pues el musgo sólo crece sobre el costado norte de los árboles. El musgo puede guiar al viajero cuando la Estrella del Norte no se puede ver. Harriet escuchó todas las enseñanzas de su padre. Memorizó sus palabras. Sabía que en algún momento le iban a ser de utilidad.

Capítulo 3
La esposa de un hombre libre

En 1844, cuando Harriet tenía unos 23 años, se enamoró de John Tubman. Los padres de John habían sido esclavos, pero su amo liberó a todos sus esclavos al morir, así que John nació libre. John y Harriet decidieron casarse.

Harriet comenzó a hacer una colcha de retazos. Coser era una tarea difícil. No estaba acostumbrada

a manejar algo tan pequeño como una aguja. Ésta se le caía de las manos una y otra vez. Era difícil encontrar una aguja en el piso de tierra. Pero no se rindió. Continuó cosiendo, hasta que terminó la colcha. La colcha tenía retazos de varios colores: amarillo, morado, blanco y verde. Era lo más hermoso que había poseído hasta entonces. Cuando se casó con John y se fue a vivir con él a su cabaña, Harriet se llevó la colcha consigo.

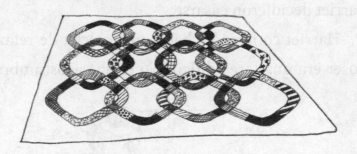

John era feliz con su vida. Amaba a Harriet y le gustaba el dinero que ella traía a casa. Tenían su propia cabaña. Tenían una buena vida. Pero Harriet no estaba tan contenta. ¿Qué pasaría si su nuevo amo decidía venderla? La separarían de John. Harriet

todavía pensaba en escapar. Le rogaba a John que se fuera con ella rumbo al norte. Seguirían la Estrella del Norte. En el Norte, Harriet sería una mujer libre. Ambos serían libres.

John no quería dejar su casa. Era muy peligroso. ¿Qué comerían? ¿De qué vivirían? John le pidió a

LOS ABOLICIONISTAS

Se llamó abolicionistas a los reformistas de los siglos XVIII y XIX que pensaban que la esclavitud era algo malo y querían terminar con ella, o *abolirla*. Al contrario de otros que también estaban en contra de la esclavitud y trabajaban por su desaparición gradual, los abolicionistas exigían que se diera fin a la esclavitud inmediatamente. Los cuáqueros se opusieron a la esclavitud durante mucho tiempo. Sin embargo, los cuáqueros no eran los únicos abolicionistas. También había personas de otras religiones.

El movimiento abolicionista comenzó en 1780 en Inglaterra, cuando William Wilberforce y sus seguidores se pronunciaron en contra del tráfico de esclavos africanos. El movimiento abolicionista surgió en Estados Unidos en 1831, cuando William Lloyd Garrison fundó en Boston *The Liberator* (El Libertador), un periódico antiesclavista. Luego aparecieron otros periódicos y libros abolicionistas. Sin embargo, no fue sino hasta el fin de la Guerra Civil, en 1865, que la Decimotercera Enmienda prohibió la esclavitud en Estados Unidos.

William Lloyd Garrison

Harriet que se olvidara del asunto. Pero ella no podía hacerlo. Ella le hablaba acerca de sus sueños, sueños de libertad.

John le dijo a Harriet que si ella trataba de escapar, él se lo diría a su amo. Harriet comenzó entonces a tenerle miedo a su esposo. John no compartía su mismo sueño. Si ella quería ser libre, tendría que irse al norte sin él.

Un día, Harriet estaba trabajando en un campo cerca de una carretera. Una mujer blanca pasó en una calesa. Iba vestida de manera sencilla, como los cuáqueros. La mujer comenzó a hablar con Harriet. Le preguntó su nombre y quiso saber la historia de la

cicatriz que tenía en la frente. Harriet sabía que los cuáqueros estaban en contra de la esclavitud. Vio que podía hablar con la mujer. Podía confiar en ella. La mujer volvió a pasar por ahí en otras ocasiones. Si no había nadie viéndolas, se ponían a conversar un rato. La mujer le dijo a Harriet que, si alguna vez necesitaba ayuda, podría acudir a ella.

En 1849, Harriet recibió la mala noticia de que ella y algunos de sus parientes iban a ser vendidos. ¡Vendidos! Ahora tenía que escapar. Se lo contó a sus hermanos, y juntos hicieron un plan.

Los cuáqueros

Los cuáqueros eran un grupo religioso cristiano fundado por George Fox en Inglaterra en 1648. Su nombre viene de la palabra inglesa "quake", que significa "terremoto". Se llamaron así porque Fox decía que ellos debían "temblar ante la palabra de Dios". Los cuáqueros vestían ropas muy sencillas y vivían de manera muy humilde. Tenían pocas posesiones materiales. Se oponían fuertemente a la guerra. Su religión no les permitía pelear. Hoy en día, todavía existen cuáqueros que se reúnen en sus propias casas de oración, sin ministros ni sacerdotes. A todos los asistentes se les permite hablar en las reuniones.

La igualdad es un concepto muy importante para los cuáqueros. Debido a que creían firmemente en la igualdad de derechos para todas las personas, se oponían rotundamente a la esclavitud. En el siglo XIX, muchos cuáqueros eran abolicionistas. Ayudaban a los esclavos a huir, y ofrecían sus casas, tiendas, establos y graneros como "estaciones" del Ferrocarril Clandestino. Arriesgaban su propia seguridad y libertad para ayudar a otros que no eran libres.

George Fox

Aquella noche, Harriet esperó a que John estuviera dormido y salió a encontrarse con sus hermanos. Se internaron en el bosque. ¡Sus hermanos hacían mucho ruido! Tenían mucho miedo. Escapar suponía un gran riesgo. Entonces, decidieron regresar. Se suponía que Harriet regresara con ellos, pero ella no quería. Dijo que continuaría sola. Pero ellos no se lo permitieron. Ella trató de luchar, pero ellos eran más grandes y más fuertes. La obligaron a regresar.

En dos días, un comerciante de esclavos vendría por ella y por sus hermanos. Harriet estaba frente a un difícil dilema. Si se quedaba, se la llevarían encadenada con los demás; probablemente moriría durante el largo viaje a pie al sur. Pero si escapaba, ¿quién iría con ella? Ni su esposo, ni sus hermanos.

Harriet decidió escapar sola. Se fue a la cama como de costumbre. Cuando John se durmió, ella se

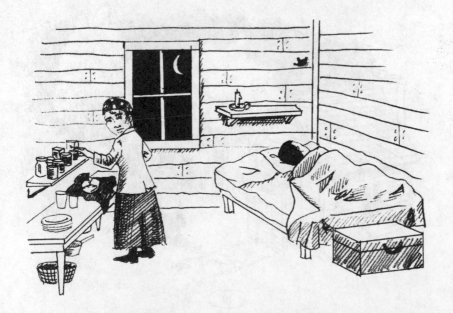

levantó. Hacer su equipaje fue muy fácil: puso carne seca de cerdo y panecillos de maíz en un pañuelo. Tomó su colcha de retazos. No se animó a tomar nada más. Salió de la casa sigilosamente. Por fin, estaba en camino a la libertad, rumbo al norte. Harriet iba a hacer que su sueño se hiciera realidad.

Capítulo 4
¡Al fin libre!

Harriet caminó por el oscuro bosque. Avanzó sin hacer ruido, como le había enseñado su padre. Él también le había dicho que los perros sabuesos no podían seguir el rastro de una persona en el agua, así que Harriet avanzó por los riachuelos lo más que pudo. Por fin, llegó a la casa de la mujer cuáquera. La mujer la dejó entrar, pero le dijo que no estaría segura si se quedaba mucho tiempo allí. Tendría que partir esa misma noche. La cuáquera le indicó lo que debía hacer después.

Harriet estaba agradecida. Le quería dar las gracias por su ayuda. Pero, ¿cómo? Le dio su colcha de retazos y se despidió.

A Harriet le esperaba un largo camino. Primero, siguió el curso del río Choptank, en Maryland. Al amanecer, se escondió. Cuando oscureció, volvió a andar. El río tenía 40 millas de largo, y era apenas el comienzo de su viaje. Harriet continuó avanzando lentamente. Cuando terminó el río, siguió una carretera que la llevó a Camden, Delaware. Buscó una casa blanca con postigos verdes, siguiendo las instrucciones de la mujer cuáquera. En la casa vivía una mujer que se llamaba Eliza Hunn. Le permitió a Harriet quedarse con ella durante tres días. Le dio ropa nueva y comida para el viaje. Luego, Harriet volvió a partir.

Harriet era ahora una pasajera del Ferrocarril Clandestino. El Ferrocarril Clandestino no tenía rieles ni vagones, sino una serie de "paradas" que eran casas o tiendas de cuáqueros y

abolicionistas, que servían de refugio a los esclavos fugitivos. En el Ferrocarril Clandestino se usaban palabras especiales para despistar a los esclavistas. Se referían a los esclavos fugitivos como "bultos" o "paquetes". "Un fardo de algodón" podía significar un solo esclavo. "Dos fardos pequeños" podía querer decir que los fugitivos eran niños.

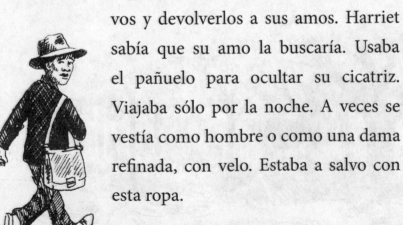

Por todas partes había cazadores de esclavos.
Recibían recompensas por atrapar esclavos fugitivos y devolverlos a sus amos. Harriet
sabía que su amo la buscaría. Usaba
el pañuelo para ocultar su cicatriz.
Viajaba sólo por la noche. A veces se
vestía como hombre o como una dama
refinada, con velo. Estaba a salvo con
esta ropa.

Por fin, llegó a Pensilvania, que era un estado no esclavista. Harriet era ahora una mujer libre.

Años más tarde, Harriet habló así de lo que sintió en ese momento: "Me miraba las manos para ver si seguía siendo la misma persona ahora que era libre. Todo me parecía glorioso. El sol me parecía oro cuando se asomaba a través de los árboles y sobre los campos, y yo me sentía como en el cielo".

Pero ser libre no era fácil. Años más tarde, Harriet dijo: "…Yo era libre, pero nadie estaba esperándome para darme la bienvenida a la tierra de la libertad. Yo era una extraña en una tierra extraña…" Era cierto. Su hogar, su familia y sus amigos se habían quedado en Maryland. Algún día, tenía que regresar por ellos.

Harriet consiguió un trabajo cocinando y limpiando en un hotel de Filadelfia. No le gustaba el trabajo, pero al menos era fácil, comparado con el que hacía como esclava. Todo el dinero que ganaba era para ella. Y si su trabajo realmente le disgustaba, podía dejarlo. Nadie podía obligarla a quedarse.

COMITÉS DE VIGILANCIA

A medida que más y más esclavos escapaban del Sur, comenzaron a aparecer comités de vigilancia en los pueblos y ciudades grandes del Norte, como Nueva York, Filadelfia y Boston. William Still trabajaba para uno de estos comités, que reunían dinero para ayudar a los fugitivos. Los esclavos por lo general llegaban con ropa vieja y rota, sin zapatos y sin un lugar adónde ir. En las oficinas de los comités les daban comida, refugio y dinero. También los ayudaban a establecerse en las comunidades, buscándoles trabajo y dándoles cartas de recomendación.

William Still

Después del trabajo, Harriet comenzó a ir a las oficinas del comité de vigilancia de Filadelfia. Este comité estaba conformado por un grupo de personas que ayudaba a los esclavos fugitivos. Los esclavos que llegaban, a veces traían noticias sobre la familia de Harriet. Fue así como Harriet se enteró de que iban a vender a su hermana Mary y su familia.

Harriet decidió que debía regresar a Maryland. La familia de su hermana necesitaba su ayuda. Harriet planeaba traerlos al Norte. William Still era el secretario del comité de vigilancia, y también era su amigo. William le advirtió de lo peligroso que sería regresar. Pero ella no quiso escucharlo.

Harriet ideó un plan brillante. Sus amigos cuáqueros le hicieron llegar el plan a John Bowley, el esposo de su hermana Mary. John era un hombre libre, pero su esposa y sus hijos eran esclavos.

Cuando John recibió el plan, ya se habían llevado a su familia a la subasta de esclavos, pero aún no habían sido vendidos. Era la hora del almuerzo, y el subastador estaba en receso. Después de comer, se dedicaría a vender el resto de los esclavos.

En ese momento, John Bowley llegó al lugar donde tenían a los esclavos con un gran sobre blanco que contenía un mensaje en la mano. Se lo dio al guardia que cuidaba a los esclavos. El mensaje decía que el amo de Mary ya tenía un comprador para ella y sus hijos. Se suponía que John tenía que llevarlos a la fonda donde el subastador estaba almorzando.

El mensaje era una trampa. En realidad no venía del amo de Mary, pero el guardia no sospechó nada. John se llevó a Mary y a los niños. Salieron rápidamente del lugar, pero no fueron a la fonda a encontrarse con el subastador.

¡Se escaparon! ¡A plena luz del día!

Trataron de caminar en calma para no atraer la atención de la gente. Finalmente, al cabo de lo que

les parecía una larga caminata, llegaron a una casa
con una cerca de alambre. Adentro los esperaba un
cuáquero. Era él quien había escrito el mensaje. Este
hombre llevó a John y su familia al ático de su casa.

Al llegar la noche, la familia salió sigilosamente y se montó a una carreta. El cuáquero los cubrió con mantas y los llevó hasta un río. Allí los esperaba un bote pesquero, con mantas y comida. John condujo el bote por el río Chesapeake, en Maryland. A John le habían indicado que navegara hacia Baltimore hasta encontrar dos luces, una azul y otra amarilla. Navegaron toda la noche, hasta que amaneció. John estaba preocupado porque temía no ver las luces en la luz del día. Pero las vio, y condujo el bote hacia donde estaban las luces.

En la orilla, los esperaba una mujer blanca en una carreta.

—¿Quién eres? —preguntó ella.

—Un amigo con amigos —respondió John. Ése era el código que tenía que decir, de acuerdo con el plan. La mujer lo saludó afectuosamente y los ayudó a subir a la carreta. Los cubrió con mantas y costales llenos de cebollas y papas. Luego los condujo a un establo. Se bajaron de la carreta y esperaron en el establo hasta el anochecer. Entonces, la mujer los ayudó a volver a la carreta y los llevó a un edificio de ladrillo en Maryland.

La mujer blanca tocó la puerta, y todos entraron. ¡Adentro estaba Harriet, esperándolos! Ella había organizado lo del bote y las carretas.

Ahora, estaba lista para llevarlos al Norte.

John y Mary notaron que Harriet tenía una pistola. Harriet la había comprado con el dinero que había ganado en su trabajo. Armada con la pistola y con sus conocimientos acerca de los pantanos, Harriet guió a su hermana y su familia de estación en estación a través del Ferrocarril Clandestino. Durante el día se escondían y viajaban durante la noche. A veces iban caminando. Otras, en bote o en carreta. Finalmente, llegaron sanos y salvos a Filadelfia. Era la primera vez que Harriet hacía de conductor del Ferrocarril Clandestino, pero no iba a ser la última, con seguridad.

Capítulo 5
La conductora

Harriet planeó otro viaje al sur. Muchos familiares necesitaban su ayuda. Pero a partir de 1850, el viaje se volvió más peligroso. Ese año se aprobó la Ley del Esclavo Fugitivo. Según esta ley, los esclavos que

llegaran a un estado libre tenían que ser devueltos a sus amos. La gente que los encubriera podría ser castigada con una multa o con la prisión. A un esclavo fugitivo se le podía disparar, azotar o vender a las plantaciones del lejano sur, donde probablemente iban a morir, de todas formas.

Para asegurarse de que sus "paquetes" estuvieran a salvo y alcanzaran la libertad, Harriet tendría que cruzar con ellos la frontera y llevarlos a Canadá. Allí no existía la esclavitud. Pero los pueblos más cercanos de Canadá estaban mucho más lejos que Filadelfia o Nueva York. El viaje sería más largo, y correrían un

CANADÁ

ESTADOS UNIDOS

mayor riesgo de ser descubiertos. Los cazadores de esclavos estaban alertas. Estaban deseosos de reclamar las recompensas que se ofrecían por los esclavos fugitivos. A pesar de todo, Harriet estaba decidida a emprender dicho viaje.

Harriet regresó a Maryland en 1851. Ayudó a escapar a uno de sus hermanos y a otros dos hombres. Al regresar al norte, se empleó en otro hotel. Trabajó duro y ahorró dinero. Regresaría una vez más al sur, y esta vez traería a su esposo, John Tubman.

Harriet fue a la plantación donde había trabajado, vistiendo un traje de hombre. Se cubrió la cicatriz

con un sombrero. Al llegar a la cabaña de John, se encontró con una sorpresa: John tenía una nueva esposa. Era claro que no se iba a ir con ella.

Harriet se marchó rápidamente. Reunió a un nuevo grupo de esclavos que querían ser libres, y los condujo al norte. Hasta entonces, entre los esclavos que había ayudado a escapar siempre había familia-

res suyos. A partir de este viaje, comenzó a llevar a grupos de personas que no conocía.

Harriet estableció una rutina. En invierno, alquilaba una casa en St. Catherine, Canadá, en la que vivía con otros ex esclavos. Cortaban madera para ganar dinero. En primavera y verano, se iba a Cape May, Nueva Jersey, o Filadelfia. Allí trabajaba en hoteles para reunir dinero. Dos veces al año, en primavera y en otoño, regresaba al sur. En cada viaje traía más esclavos a Canadá. Algunas veces, les enseñaba a escapar por su propia cuenta. Les dibujaba mapas en la tierra, describía los puntos de referencia y les indicaba a quiénes podían acudir para pedir ayuda.

Harriet había adquirido mucha experiencia. Como no seguía la misma ruta dos veces, ya se conocía cada rincón de los pantanos, los ríos y los sótanos a lo largo del camino. Conocía todas las casas de reunión de los cuáqueros donde los "pasajeros" podían refugiarse.

Usaba muchos trucos para ayudar a los fugitivos

a evitar a los cazadores de esclavos. Por ejemplo, hacía que los hombres se vistieran de mujeres, y las mujeres, como hombres. Los esclavos escapaban la noche del sábado. Como el domingo no trabajaban, no los echarían de menos hasta el lunes. Los amos no podían organizar equipos de búsqueda ni imprimir carteles hasta el lunes. Para entonces, Harriet y sus pasajeros estarían ya muy lejos.

Se comenzó a hablar mucho sobre Harriet. Comenzaron a inventar cosas, como que podía ver en la oscuridad, oler el peligro en el aire, cargar a un hombre adulto por millas. Nada de eso era cierto, pero la gente igual lo decía. Los dueños de esclavos también sabían sobre Harriet. Pusieron carteles en los que ofrecían grandes recompensas por su captura. Se llegó a ofrecer hasta 40,000 dólares de recompensa.

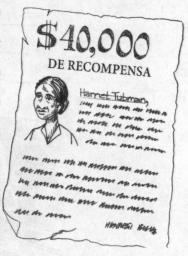

Harriet supo lo de los carteles, que describían su edad, su estatura y su cicatriz. Los carteles también decían que ella no sabía leer ni escribir. Una vez, en una estación de tren, Harriet escuchó a dos hombres hablar de ella. Estaban tratando de determinar si ella era la mujer del cartel.

Harriet llevaba un libro. Lo abrió y se hizo la que estaba leyendo. Los hombres decidieron entonces que ella no era la mujer del cartel. Harriet logró engañarlos, pero apenas. Tuvo suerte de no haber tomado el libro al revés.

Harriet se enteró de que su padre tenía problemas con su amo. Harriet sabía lo que tenía que hacer. Debía regresar a buscar a sus padres. Pero Ben y la Vieja Rit no eran como sus otros pasajeros. Estaban viejos y eran débiles. No podrían andar toda la noche ni cruzar los ríos. Iba a tener que pensar en otra manera de sacarlos del sur.

Harriet regresó a la plantación, en Maryland, en 1857. Encontró un viejo caballo llamado Dollie Mae. Harriet atrajo el caballo al bosque y lo amarró a un árbol. Luego, hizo una sencilla carreta con las ruedas de un viejo carruaje, un eje, algunas tablas y cuerdas. Ya estaba lista para ir por sus padres. Los llevaría a Canadá montados en la carreta.

Harriet cabalgó con ellos durante una buena parte del viaje, pero luego pensó que era muy arriesgado para ella continuar haciéndolo por campo abierto. Se bajó y siguió a pie durante el resto del trayecto. En St. Catherine se reunió de nuevo con sus padres, que ahora eran libres por primera vez. Harriet les consiguió una casa en Auburn, Nueva York. Ahora destinaba parte de su dinero a mantener a sus padres. Harriet tenía varios trabajos.

A veces, daba discursos en reuniones antiesclavistas para ganar dinero extra. Al principio, era muy tímida cuando estaba frente al público. Pero era buena para contar historias. A la gente le encantaba oír sus relatos sobre escapes peligrosos. Harriet se convirtió muy pronto en una excelente oradora. Viajaba a diferentes ciudades a dar discursos.

En 1860, Harriet iba camino a Boston a dar un discurso. Se detuvo en Troy, Nueva York, para visitar a un pariente. En Troy había problemas. Un cazador de esclavos había atrapado a un ex esclavo llamado Charles Nalle. Nalle estaba esperando en los tribunales para entrar a su audiencia. La sala estaba llena. Algunos apoyaban la esclavitud. Otros, eran

opositores. El juez decidió que Nalle fuera devuelto a su amo. La multitud estaba furiosa. Se desató un motín, y Harriet resultó involucrada. Arriesgó su vida para ayudar a Nalle a escapar. Cuando sus heridas sanaron, continuó su viaje a Boston a dar su discurso.

Más tarde ese mismo año, Harriet hizo su último viaje al Sur. En esa ocasión, llevó a una familia con dos niños al Norte. Después de este viaje, sus amigos del movimiento antiesclavista la convencieron de

que dejara de hacer los viajes. No podía seguir siendo conductora del Ferrocarril Clandestino, pues los dueños de esclavos querían verla muerta. Harriet valía mucho estando viva. Tenía que buscar otra manera de trabajar por la libertad.

Capítulo 6
Un país en guerra

En 1861, estalló la Guerra Civil entre los estados del Norte y los estados del Sur. Había muchas razones detrás de la guerra. Una de ellas era la esclavitud. El Sur quería seguir teniendo esclavos. En el Norte se quería que la esclavitud desapareciera en todo Estados Unidos. Entonces, el Sur decidió separarse del Norte. Los once estados del Sur formaron su propio ejército. Se llamaron a sí mismos Estados Confederados de América. El Norte no quería que los estados del Sur se separaran. Querían que regresaran a la Unión, que fue el nombre elegido por los estados del Norte.

Bandera de la Confederación   Bandera de la Unión

El gobernador de Massachussets, John Andrew, le pidió a Harriet que trabajara para el ejército de la Unión. Andrew había escuchado sus discursos. Sabía sobre su vida como esclava y conocía su trabajo en el Ferrocarril Clandestino. Creía que Harriet podía aportarle mucho a la causa del Norte.

Harriet encontró entonces otra manera de trabajar por la libertad. Aceptó la propuesta. Viajó a la isla Port Royal, cerca de la costa de Carolina del Sur. Allí estaban reclutados miles de soldados del Norte, esperando el momento de luchar. Con ellos había miles

de esclavos fugitivos. Según la ley, todavía no eran libres, pero quisieron unirse al ejército del Norte para ayudar en la lucha por su libertad.

Sin embargo, los problemas no faltaban. Los esclavos todavía pensaban y actuaban como esclavos.

Esperaban órdenes de los soldados blancos. No estaban acostumbrados a pensar ni actuar como hombres libres. Y aquí fue donde Harriet jugó un papel
importante. Su trabajo era enseñarles a los esclavos
a verse como personas libres y enseñarles a los soldados a trabajar con los esclavos.

Harriet también apoyó a las mujeres negras. Les enseñó a hacer cosas para vender. Las ayudó a buscar maneras de ganarse la vida como personas libres del Norte, no como esclavas del Sur.

Muchos de los esclavos que llegaron a Port Royal estaban enfermos o heridos. Sus amos los habían maltratado repetidas veces para evitar que huyeran. En la isla se montó un hospital para atenderlos.

Harriet se convirtió en enfermera. Limpiaba heridas, ponía paños fríos en la frente de los pacientes que tenían fiebre y hasta espantaba las moscas que revoloteaban sobre los heridos.

Algunos pacientes sufrían disentería. Ésta es una enfermedad que causa terribles dolores de estómago. Casi todos aquellos que se contagiaban, morían. Harriet recordaba las medicinas que su madre hacía con hierbas y raíces. Quiso probar si estas medicinas podrían curar a sus pacientes. Entonces fue al bosque y arrancó algunos lotos con sus raíces. También buscó geranios. Pu-

Loto

so a hervir estas plantas para hacer una infusión bien

Geranio

fuerte, y luego se la dio a un hombre que estaba muriendo de disentería. En pocos días, el enfermo comenzó a mejorarse. La gente empezó a decir que éste había sido otro de los milagros de Harriet. Creían que el enfermo que la tuviera junto a su cama nunca moriría.

Llegó 1862 y la guerra continuaba. Por un buen tiempo pareció que el Sur ganaría. Cientos de miles de soldados, tanto del Norte como del Sur, resultaron heridos o muertos. Aun así, ninguno de los dos bandos se rendía y la sangrienta lucha continuaba.

En 1863, el presidente Abraham Lincoln expidió la Proclama de Emancipación, que les dio la libertad a los esclavos en los estados de la Confederación. Los hombres negros del Sur podían ingresar al ejército del Norte. Formaron sus propios regimientos exclusivos para negros.

Abraham Lincoln

Habían deseado apoyar la causa de la Unión, y ahora podían hacerlo.

Sin embargo, la guerra no terminó. Con la aparición de los regimientos negros, surgió una nueva tarea para Harriet.

Coronel James Montgomery

El coronel James Montgomery le pidió que fuera una exploradora para las tropas negras. En otras palabras, le pidió que trabajara como espía. Harriet era perfecta para ese trabajo. Al ser una mujer pequeña, de raza negra, lucía inofensiva. Podría colarse fácilmente entre las tropas enemigas y acercarse a los negros que estaban con sus amos en el ejército de la Confederación. Éstos, confiarían en ella. Podrían darle información sobre el ejército del Sur que pudiera ser útil para la causa de la Unión.

Harriet se convirtió en Comandante de Operaciones de Inteligencia del Departamento del Sur del Ejército de la Unión. Tenía bajo su mando a

nueve exploradores. Estaba a cargo de un área que cubría desde Carolina del Sur hasta la Florida. Los hombres que ella dirigía no estaban acostumbrados a obedecerle a una mujer negra. Sin embargo, muy pronto comenzaron a respetarla y a admirarla.

Ser espía era un trabajo peligroso, pero Harriet estaba acostumbrada al peligro. Usó su conocimiento sobre los ríos para ayudar a organizar una invasión. El 2 de junio de 1863, con Montgomery y unos 300 soldados negros, llegó a la ribera del río Combahee, en Carolina del Sur. El objetivo era desmontar los rieles del ferrocarril que corría paralelo al río. También querían destruir los puentes que se levantaban

sobre el río. Sin el ferrocarril y sin los puentes, las tropas del Sur no podrían recibir abastecimiento. Sin

alimentos, armas y artículos de primeros auxilios, el Sur no iba a ganar la guerra.

Harriet y los demás avanzaron en la oscuridad hasta que llegaron a una curva. Harriet le pidió al piloto del bote que se detuviera. Cerca había un campamento de soldados de la Confederación. Los soldados de la Unión desembarcaron en silencio y rodearon el campamento. Capturaron a los soldados del Sur sin disparar un solo tiro. Llegaron más lanchas cañoneras. Los soldados del Sur las vieron y corrieron a buscar ayuda. Los hombres de Harriet eran más rápidos que ellos. Incendiaron sus alimentos y su algodón.

También incendiaron las grandes casas de sus plantaciones. Los esclavos que todavía quedaban allí, tan pronto vieron a los soldados negros corrieron a unirse a las tropas.

Las cañoneras de la Unión finalmente dieron la vuelta y se retiraron. El asalto había terminado. La Unión ganó esa batalla y 756 esclavos ingresaron a sus tropas. Entre más hombres tuviera la Unión, más probabilidades tenía de ganar la guerra.

Harriet continuó guiando las tropas de la Unión en territorio enemigo. Siempre llevaba su pistola y no tenía miedo de usarla. Sin embrago, seguía usando faldas largas, lo cual era bastante incómodo. A pesar de ello, no podía usar ropa de hombre, como lo había hecho en el pasado.

La invasión del río Combahee

Vestirse con ropa de hombre no se consideraba apropiado en ese entonces. Se suponía que las mujeres debían llevar faldas largas y un montón de enaguas debajo. ¡Qué fastidio!

Entonces, Harriet supo de Amelia Bloomer. Esta señora había diseñado un "traje práctico para damas". Consistía en una pequeña chaqueta, una falda corta y pantalones largos. Harriet quería un traje de estos. Años después diría: "Había decidido que nunca usaría un vestido largo en ninguna otra expedición... conseguiría un *bloomer* apenas pudiera".

Harriet trabajó dos años como espía. En 1864, ya se sentía cansada. Quería regresar a casa.

Frederick Douglass

El gran orador e importante líder abolicionista Frederick Douglass nació esclavo en Maryland alrededor de 1817. De niño, aprendió a leer y a escribir solo. Hacer esto era muy peligroso. Si lo hubieran descubierto, probablemente lo hubieran matado. Después de escapar de la esclavitud, en 1838, Douglass comenzó a dar conferencias sobre su vida. Era un orador brillante y poderoso. Mucha gente quería escucharlo. En 1845, escribió y publicó *Narrativa de la vida de Frederick Douglass*. En este libro describió las muchas crueldades a las que eran sometidos los esclavos, como los azotes y las golpizas.

Como en el libro revelaba la identidad de su amo, Douglass tuvo que huir a Inglaterra, donde unas personas que simpatizaban con su causa compraron su libertad. Al regresar a Estados Unidos, Douglass publicó un periódico antiesclavista, La Estrella del Norte. Durante la Guerra Civil, trabajó como asesor del presidente Abraham Lincoln. También ayudó a reclutar soldados negros para el ejército de la Unión y luchó para garantizar el derecho al voto para los libertos.

Douglass publicó otros dos libros: *Mi servidumbre y mi libertad* (1855) y *Vida y obras de Frederick Douglass* (1881). Se desempeño en varios cargos oficiales, incluyendo el de ministro plenipotenciario en Haití. Murió en Washington, en 1895.

El gobierno todavía le debía a Harriet $1,800 por su trabajo. A pesar de que muchos amigos suyos, que eran personas importantes —incluyendo el famoso orador, ministro y líder Frederick Douglass—, le escribieron cartas al gobierno a su favor, Harriet nunca recibió un centavo de ese dinero.

Sin embargo, Harriet volvió a trabajar una vez que estuvo segura de que sus padres estaban bien, y tras haber recuperado ella misma sus fuerzas.

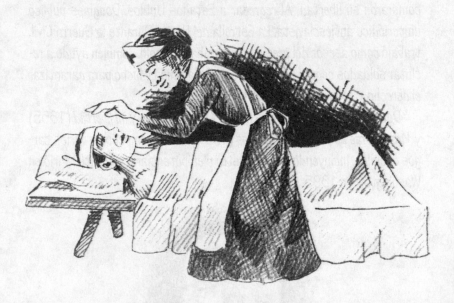

Enmiendas constitucionales

Los hombres que escribieron la Constitución en el siglo XVIII sabían que el país cambiaría en el futuro. El gobierno tenía que encontrar una manera de poder lidiar con esos cambios. Por eso crearon las enmiendas, una herramienta para hacer cambios a la Constitución. Los legisladores podrían votar para añadir leyes nuevas que se consideraran importantes.

Desde el siglo XVIII, el Congreso le ha hecho varias enmiendas a la Constitución. Estas enmiendas reflejan la manera como han cambiado las necesidades y las actitudes de los estadounidenses. Durante los años posteriores al fin de la Guerra Civil, se aprobaron las enmiendas 13, 14 y 15. Estas enmiendas terminaron con la esclavitud y garantizaron el derecho a la ciudadanía de todas las personas, sin importar la raza ni el color de la piel.

Abraham Lincoln

Trabajó como enfermera en el Hospital Fortress Monroe en Washington, D.C., cuidando a pacientes negros. En poco tiempo le dieron el cargo de Enfermera Jefe. En abril de 1865, terminó la Guerra Civil. Ganó la Unión y desapareció la Confederación. Ahora todos estaban unidos en una sola nación, tal y como había sido antes del conflicto.

Por fin, en diciembre de 1865, se abolió la esclavitud en todo el territorio estadounidense. Harriet no sólo había logrado estar viva para poder verlo con sus propios ojos, sino que había ayudado a conseguirlo.

Capítulo 7
La Moisés de su gente

Harriet regresó a su casa en Auburn, Nueva York. Sus padres ancianos la necesitaban. Otros antiguos esclavos llegaban a su casa buscando su ayuda. Aunque eran libres, sus problemas no se habían terminado. Seguían sin tener los mismos derechos de

los estadounidenses blancos. Por ejemplo, no se les permitía vivir en barrios "de blancos", ni comprar en tiendas que fueran propiedad de un blanco, ni ir a las iglesias donde iban los blancos. Los niños negros no podían ir a la escuela con niños bancos. Iban a escuelas que eran sólo para niños negros. Muchos blancos no contrataban a personas negras para los trabajos. Muchos antiguos esclavos eran pobres o estaban enfermos. No tenían manera de ganarse la vida y no tenían donde vivir. Harriet los recibía a todos. Nunca decía que no.

Harriet necesitaba dinero para poder mantener a estas personas. ¿Cómo iba a conseguirlo? Una mujer blanca llamada Sarah Bradford le brindó ayuda. Sarah visitaba a Harriet en Auburn. Harriet le contaba muchas historias sobre la esclavitud y sobre cómo ayudó a mucha gente a escapar.

A pesar de que nunca aprendió a leer ni a escribir, Harriet tenía una excelente memoria. Recordaba hasta los detalles más insignificantes. Tal como había memorizado pasajes de la Biblia, contaba sus relatos llenos de dramatismo y poesía. Habló de sus muchos viajes en el Ferrocarril Clandestino, sobre la guerra y sobre su trabajo como enfermera y espía.

En 1869, Sarah Bradford publicó la biografía de Harriet, *Escenas de la vida de Harriet Tubman*. Harriet recibiría todo el dinero de las ventas del libro.

Ese mismo año, Harriet se casó con Nelson Davis. Se habían conocido cuando él estaba combatiendo en el Norte en una de las brigadas negras. Nelson era un hombre guapo, 20 años más joven que Harriet, pero padecía tuberculosis, una enfermedad muy severa que afecta los pulmones. Él también necesitaba cuidados.

El primer esposo de Harriet, John Tubman, había muerto en Maryland en 1867. Harriet nunca pudo en realidad tener un hogar ni formar con él una familia. Nelson significaba una nueva oportunidad. Cuando se recuperó de su enfermedad, consiguió un trabajo como albañil. Su salario ayudaba a mantener a la gente que vivía en casa de Harriet.

Harriet siempre tenía más historias para contar y siempre necesitaba más dinero. De modo que Sarah Bradford escribió otro libro: *Harriet Tubman: La Moisés de su gente*. Fue publicado en 1886 y le trajo a Harriet más dinero. Sin embargo, parecía que nunca era suficiente.

En 1888, murió Nelson Davis. Los padres de Harriet habían muerto unos años antes. Estaba sola de nuevo, pero

seguía trabajando. Tenía en su casa a una buena cantidad de personas negras, pobres, viejas o enfermas, de quienes cuidaba. No obstante, para poder hacerse cargo de más gente, necesitaba una casa más grande y más tierra. No contenta con lo que ya estaba haciendo, Harriet soñaba con algo más grande: un hospital y casa de reposo para cualquier hombre o mujer de raza negra que lo necesitara.

Harriet ganaba dinero vendiendo puerta a puerta verduras que ella misma cultivaba en sus tierras. Por lo general, la invitaban a pasar a las casas adonde llegaba a vender. A veces le ofrecían té con mantequilla, su bebida favorita. Entre sorbos de té, Harriet contaba sus historias. Describía, por ejemplo, una batalla de la Guerra Civil con estas palabras: "Y luego vimos relámpagos, que eran disparos. Y luego escuchamos un aguacero muy fuerte, que eran gotas de sangre cayendo al suelo. Y cuando fuimos a buscar la cosecha, no había sino muertos que recoger". Otras veces hablaba sobre el presidente Lincoln, que había sido asesinado en 1865 a manos de Wilkes Booth. Recordaba cómo había reaccionado un anciano al escuchar la noticia: "Nos arrodillamos, con la cara entre las manos y las manos en el polvo y le lloramos a Él por misericordia, oh, Señor, esta noche". A veces recordaba tiempos mucho más remotos y contaba historias que había escuchado de niña, sobre barcos de esclavos que traían africanos a América; historias sobre látigos, cadenas y hierros de marcar.

Harriet también ganaba dinero dando discursos. En una ocasión, le pidieron que hablara en una reunión donde también iban a hablar las famosas activistas por los derechos de la mujer Susan B. Anthony y Elizabeth Cady Stanton.

Las dos habían trabajado juntas durante años. Luchaban para probar la igualdad entre hombres y mujeres. También, para conseguir nuevos derechos para la mujer, incluyendo el derecho al voto. En el siglo XIX, sólo los hombres podían votar. Harriet era un buen ejemplo de que la mujer en realidad era

Tal para cual: Elizabeth Cady Stanton y Susan B. Anthony

Elizabeth Cady Stanton conoció a Susan B. Anthony en la primera Convención Nacional de los Derechos de la Mujer, en Seneca Falls, Nueva York, en 1848. Se hicieron buenas amigas y socias. Ambas creían que las mujeres merecían tener los mismos derechos que los hombres. Las dos escribieron libros y artículos, dieron discursos y trabajaron para propagar su mensaje sobre la igualdad. Querían que las mujeres ganaran lo mismo que los hombres por hacer los mismos trabajos y que las mujeres pudieran tener propiedades. Su reclamo más importante era el derecho al voto para las mujeres. No fue sino hasta 1920 —años después de la muerte de ambas— que todas las mujeres de Estados Unidos pudieron votar por primera vez.

Susan B. Anthony

Elizabeth Cady Stanton

igual que el hombre. ¿Acaso no había ella hecho todas las cosas que un hombre podía hacer, e incluso más?

Frente a su público, Harriet dijo: "Fui conductora del Ferrocarril Clandestino durante ocho años y puedo asegurarles lo que muchos conductores no pueden decir: nunca dejé que mi Ferrocarril se descarrilara y nunca perdí un pasajero".

Harriet supo de un terreno que había frente a su casa que estaba a la venta. Era su oportunidad.

No tenía suficiente dinero, pero un banco le prestó lo que le hacía falta. Ahora convertiría su sueño en realidad. Organizó a los hombres y mujeres que tenía a su cargo en las dos casas de la nueva propiedad.

Muy pronto comenzó a llegar gente de todas partes. Habían leído acerca de la vida de Harriet y querían conocerla. La visitó gente muy interesante. También recibía cartas. Por ejemplo, la reina Victoria de Inglaterra le envió una carta con una medalla y un chal de seda.

A pesar de todo, Harriet seguía teniendo dificultades económicas. En 1903, le entregó su casa a la Iglesia Episcopal Metodista Africana de Sión. Ella seguiría viviendo en la casa, pero ahora la iglesia pagaría las cuentas. Sin embargo, a Harriet no le gustaron ciertos cambios que hizo la iglesia. Ella nunca le había pedido ni un centavo a la gente que vivía en su casa.

"Cuando le di la casa a la Iglesia de Sión, ¿qué creen que hicieron? Pusieron la norma de que nadie

podría ingresar sin traer $100. Yo quería que la
norma fuera que sólo podían ingresar personas que

no tuvieran dinero. ¿De qué sirve una casa como ésta si la gente necesita dinero para poder entrar?"

Harriet ya era una anciana, pero le gustaba salir a caminar por el pueblo. Cuando ya no pudo caminar, sus nietos y nietas la llevaban a pasear en una silla de ruedas. A los 92 años, ya no pudo salir más, pero la gente seguía visitándola. Y aunque no podía leer por sí misma, alguien le leía el periódico todos los días.

En la primavera de 1913, Harriet pescó una neumonía, y supo que no se iba a recuperar. Murió acom-
pañada de uno de sus hermanos y algunos amigos.
El pueblo de Auburn decidió rendirle homenaje.
Se hizo una reunión en el Auditorio de Auburn. Se

izaron banderas a media asta. Muchos oradores elogiaron las labores a las que Harriet dedicó su vida. Frente a la entrada principal de los Tribunales de Auburn, se puso una placa de bronce en memoria de Harriet. La placa dice: "Con una valentía extraordinaria, condujo a más de 300 negros de la esclavitud a la libertad".

Harriet será siempre recordada por su valentía, por su fortaleza y, sobre todo, por su devoción a la libertad de su gente.

A LA MEMORIA DE
HARRIET TUBMAN
1821-1913

Línea cronológica de la vida de Harriet

1821 — Nace Harriet "Araminta" Ross alrededor de 1821, en Maryland.

1827 — A los seis años de edad, Harriet va a trabajar con los Cook.

1834 — Harriet ayuda a un esclavo a escapar y la golpean en la cabeza.

1844 — Harriet se enamora de John Tubman y se casa con él.

1849 — Harriet huye en busca de la libertad.

1850 — Se aprueba la Ley del Esclavo Fugitivo, lo cual hace más peligrosos los viajes de Harriet en el Ferrocarril Clandestino.

1851 — Harriet regresa a Maryland para ayudar a uno de sus hermanos y a otros dos hombres a escapar.

1857 — Harriet ayuda a sus padres a escapar.

1860 — Harriet resulta herida en Troy, Nueva York, mientras ayuda al esclavo fugitivo Charles Nalle para que no fuera devuelto a su amo.
Harriet hace su último viaje al Sur para ayudar a otros esclavos a escapar.

1861 — Harriet comienza a trabajar como enfermera y maestra de soldados negros del ejército de la Unión.

1863 — Harriet se convierte en exploradora y espía del ejército de la Unión.
Harriet y el General Montgomery capturan un campamento completo de soldados del Sur.

1864 — Exhausta, Harriet deja el ejército.

1867 — Muere John Tubman, el primer esposo de Harriet.

1869 — Se publica la primera biografía de Harriet, *Escenas de la vida de Harriet Tubman*.
Harriet se casa con Nelson Davis.

1886 — Se publica el segundo libro sobre Harriet, *Harriet Tubman: La Moisés de su gente*.

1888 — Muere Nelson Davis, el segundo esposo de Harriet.

1903 — Harriet le entrega su casa a la Iglesia Episcopal Metodista Africana de Sión.

1913 — Harriet se enferma de neumonía y muere en Auburn, Nueva York.

Línea cronológica del mundo

Se acuerda el Compromiso de Missouri: Missouri se convierte en estado de EE.UU., pero es admitido como estado esclavista, mientras que la esclavitud está prohibida en el resto de los territorios de la Compra de Luisiana. — **1820**

Joseph Niépe produce las primeras fotografías en placas de metal. Se construye el primer ferrocarril de EE.UU. en Massachusetts. — **1826**

Se inventa el refrigerador. — **1834**

Samuel F. B. Morse patenta el telégrafo. — **1844**

Comienza la "fiebre del oro" de California. — **1848**

California se convierte en el trigésimo primer estado de EE.UU. — **1850**

Herman Melville publica *Moby Dick*. — **1851**

La Corte Suprema de EE.UU. dictamina que los esclavos no son ciudadanos. — **1857**

Se inaugura el servicio de correo Pony Express. — **1860**

Los estados del Sur se separan de Estados Unidos. Estalla la Guerra Civil en EE.UU. (1860-1861). — **1861**

El presidente Abraham Lincoln expide la Proclama de Emancipación. Se lleva a cabo la Batalla de Gettysburg. — **1863**

Se termina la Guerra Civil y se prohíbe la esclavitud en todo EE.UU. El presidente Lincoln es asesinado. Lewis Carroll publica *Alicia en el país de las maravillas*. — **1865**

EE.UU. compra Alaska por $7.2 millones. — **1867**

Julio Verne escribe *20,000 leguas de viaje submarino*. Se crea la compañía Campbell Soup. — **1870**

Inauguran la Estatua de la Libertad en la Bahía de Nueva York. — **1886**

George Eastman inventa la primera cámara Kodak, con rollo de película. — **1888**

Orville y Wilbur Wright vuelan en avión por primera vez, en Kitty Hawk, Carolina del Norte. — **1903**

Aparece en el periódico *New York World* el primer crucigrama. — **1913**

¿Quién fue...?

¿Quién fue Albert Einstein?

¿Quién fue Amelia Earhart?

¿Quién fue Ana Frank?

¿Quién fue Benjamín Franklin?

¿Quién fue Fernando de Magallanes?

¿Quién fue Harriet Tubman?

¿Quién fue Harry Houdini?

¿Quién fue Mark Twain?

¿Quién fue el rey Tut?

¿Quién fue Tomás Jefferson?